L'Annam

FOIRE DE HANOI
1929

Couverture

de

NAM - SON

d'après un tableau

de

HENRY DABADIE

PRODUITS

DE

L'ANNAM

SOIERIES — COTONNADES

Thanh-Hoa.

Crépon : 20 $ 00 *le coupon*. — Phu de Thiêu-Hoa.

Echarpe Muong : 8 $, 7$, 6 $. — Châu de Quan-Hoa.

Ha-Tinh.

Soie : 12 $ 50 *le coupon*. — Mai-Thi-Quyên à Dông-Thai.

Quang-Tri.

Crépon granité : 45 $ 00 *le coupon*. — Nguyên-Thi-Thang
à Cua-Tung.

Crépon granité : 43 $ 20 *le coupon*. — Nguyên-Thi-Thang
à Cua-Tung.

Soie pékinée : 28 $ 80 *le coupon*. — Nguyên-Thi-Thang à Cua-Tung.

Soie ordinaire : 16 $ 20 *le coupon*. — Nguyên-Thi-Thang à Cua-Tung.

Tussor 1re qualité : 28 $ 80 *le coupon*. — Nguyên-Thi-Thang à Cua-Tung.

Tussor 2e qalité : 19 $ 80 *le coupon*. — Nguyên-Thi-Thang à Cua-Tung.

Soie 1re qualité : 32 $ 40 *le coupon*. — Nguyên-Thi-Thang à Cua-Tung.

Soie 2e qualité : 30 $ 60 *le coupon*. — Nguyên-Thi-Thang à Cua-Tung.

Toile blanche : 1 $ 80 *la pièce*. — Thi-Sanh à Qui-Thiên.

Quang-Nam.

Soie : 14 $ 50 *la pièce*. — Nam-Hung Tu-Nghiêp à Faifoo.

Soie rayée : 15 $ 50 *la pièce*. — Nam-Hung Tu-Nghiêp à Faifoo.

Satinette blanche : 13 $ 00 *la pièce*. — Nam-Hung Tu-Nghiêp à Faifoo.

Satinette noire damassée : 6 $ 00 *la pièce*. — Nam-Hung Tu-Nghiêp à Faifoo.

Satinette noire : 6 $ 00 *la pièce*. — Nam-Hung Tu-Nghiêp à Faifoo.

Soie noire : 9 $ 25 *la pièce*. — Nam-Hung Tu-Nghiêp à Faifoo.

Soie a fleurs : 4 $ 00 *la pièce*. — Huynh-Tru à Ha-Mat.

Satinette a fleurs : 15 $ 00 *la pièce*. — Huynh-Tru à Ha-Mat.

Satinette blanche : 7 $ 00 *la pièce*. — Huynh-Ha à Ha-Mat.

Crépon uni : 20.$ 00 *le coupon*. — Huynh-Chu à Ha-Mat.

Quang-Ngai.

Soie : 9 $ 00 *la pièce*. — Divers exposants du village de Sung-Tich.

Binh-Dinh.

Crépon a fleurs : 22 $ 00 *le coupon*. — Nguyên-Hiên à Thanh-Xuân.

Crépon de Qui-Nhon : 46 $ 00 *le coupon*. — Nguyên-Quan à Phuong-Danh.

Filoselle : 12 $ 00 *le coupon*. — Nguyên-Duc à Thanh-Danh.

Etamine blanche : 20 $ 00 *le coupon*. — Truong-Hiên à Thanh-Xuân.

Satin noir : 6 $ 000 *le coupon*. — Hô-Triên à Liem-Truc.

Satin blanc : 5 $ 50 *le coupon*. — Hô-Triên à Liêm-Truc.

Phu-Yên.

Soie pour ameublement dite gam : 42 $ 00 *le rouleau*. — Vo-Trung à Ngan-Son.

Soie pour ameublement motif dragon : 15 $ 00 *le rouleau*. — Vo-Trung à Ngan-Son.

Soie pour ameublement motif caractère : 13 $ 00 *le rouleau*. — Vo-Trung à Ngan-Son.

SOIE POUR AMEUBLEMENT A DESSINS DIVERS : 12 $ 00 *le rouleau.* — Vo-Trung à Ngan-Son.

SOIE BROCHÉE BLANCHE : 3 $ 60 *le rouleau.* — Vo-Trung à Ngan-Son.

SATIN BLANC A RAYURES, GRANDE LARGEUR : 16 $ 00 *le coupon.* — Phan-Thu à Dong-Dinh.

SATIN BLANC A RAYURES, PETITE LARGEUR : 5 $ 70 *le coupon.* — Tran-Da à Go-Duoi.

SATIN NOIR UNI : 6 $ 00 *le coupon.* — Tran-Da à Go-Duoi.

SATIN NOIR A FLEURS : 6 $ 00 *le coupon.* — Tran-Da à Go-Duoi.

SATIN BLANC UNI : 5 $ 00 *le coupon.* — Tran-Da à Go-Duoi.

Ninh-Thuân.

GALON CHAM : 15 $ 00, 7 $ 00, 6 $ 00 *la pièce.* — Chanh-Tông Huu-Duc.

OBJETS EN BOIS

□ □ □

Quang-Binh.

COFFRET EN BOIS DE ROSE ET SANTAL : 5 $ et 5 $ 50 —
Nguyên-Tu à Lê-My.

CHRIST EN BOIS DE ROSE ET SANTAL : 4 $ et 6 $ 00. —
Nguyên-Tu à Lê-My.

BOÎTE EN BOIS DE ROSE : 8 $ *la série de trois.* — Nguyên-Tu
à Lê-My.

PLATEAU EN GO : 13 $ 00. — Doan-Diên à Truc-ly.

TAMPON-BUVARD : 2 $ 00. — Doan-Diên à Truc-Ly.

COFFRET POUR DISQUES : 15 $ 00. — Doan-Diên à Truc-Ly.

POT A CIGARES : 1 $ 10. — Pham-Thi-Dinh à Dong-Hoi.

BOÎTES RONDES : 3 $ 30 *la série de six.* — Pham-Thi-Dinh à
Dông-Hoi.

Boîtes rondes : 1 $ 80 *la série de quatre.* — Pham-Thi-Dinh à Dong-Hoi.

Boîte a poudre : 0 $ 70 et 1 $ 80. — Pham-thi-Dinh à Dong-hoi.

Boîte ronde a soucoupes : 3 $ 00. — Lê-Ca à Van-La.

Quang-Nam.

Lampadaire : 3 $ et 3 $ 50. — Nguyên-Liên à Kim-Long.

Binh-Dinh.

Statuettes en mit : 10 $ 00 *les deux.* — Thai-Cac-Dê à Chanh-Thanh.

Objets de culte en mit : 6 $ 00 la série. — Vai-Tru à Nhon-Ngai.

Ninh-Thuân.

Service a fumer en mun : 7 $ 00 *la série.* — Vai-Tru à Van-Son.

Service a fumer en trac : 5 $ 00 *la série.* — Nguyên-Van à Van-Son.

ATELIER DE SCULPTURE DE DONG-HOI

□ □ □

Paravent en bois de rose et go .... 45 $ 00

Meuble annamite en bois de rose et
de santal .... 48 $ 00 — 35 $ 00

Ecran de cheminée en bois de rose
et de go .... 40 $ 00 — 25 $ 00

Plateau en go .... 15 $ 00 — 13 $ 00

Vide-poches en go .... 9 $ 00

Coffret a bijoux en bois de rose et
de santal .... 65 $ 00

Coffret a mouchoirs en bois de rose
et de santal .... 25 $ 00

Coffret pour pipe a opium en bois de
rose .... 36 $ 00

Coffret octogonal en bois de rose
et de santal .... 28 $ 00

Petit coffret en bois de rose et de
    santal .... 8 $ 00

Coffret a gants en bois de rose et
    de santal .... 12 $ 00

Boîte de douze soucoupes en bois de
    rose .... 12 $ 00

PIERRE — MARBRE

□ □ □

Thanh-Hoa.

Eléphant en pierre : 1 $ 00. — Phu de Dông-Son.

Lion en pierre : 1 $ 50. — Phu de Dông-Son.

Quang-Nam.

Vase a fleurs : 0 $ 50 — 1 $ 50 — 2 $ 00 — 3 $ 00 —
3 $ 50 et 4 $ 00 le vase. — Nguyên-Quynh à Quang-
Khai.

Coupe : 3 $ 00 — 4 $ 00 et 5 $ 00 la coupe. — Nguyên-
Quynh à Quan-Khai.

Presse a papier : 3 $ 00. — Nguyên-Quynh à Quan-Khai.

Service a thé : 6 $ 50 le service. — Nguyên-Quynh à Quan-
Khai.

Service a thé : 3 $ 00 et 4 $ 00 le service. — Nguyên-Dao
à Quan-Khai.

PLATEAU : 0 $ 50 — 0 $ 80 — 0 $ 90 — 1 $ 25 — Nguyên-Dao à Quan-Khai.

PRESSE-PAPIER : 0 $ 30 et 1 $ 50. — Nguyên-Dao à Quan-Khai.

SUPPORT POUR PORTES-PLUMES : 0 $ 60. — Nguyên-Dao à Quan-Khai.

COMPOTIER : 4 $ 00. — Nguyên-Dao à Quan-Khai.

VASE A FLEURS : 1 $ 00. — Nguyên-Dao à Quan-Khai.

SÉBILLE A ÉPINGLES : 1 $ 00. — Nguyên-Dao à Quan-Khai.

ANIMAUX DIVERS : 0 $ 50 — 1 $ 50 — 2 $ 00 et 3 $ 00 — Nguyên-Dao à Quan-Khai.

CUIVRE — FONTE

□ □ □

Thanh-Hoa.

Fourneau en fonte : 1 $ 30. — Huyên de Yên-Dinh.

Quang-Tri.

Marmite en cuivre pour trois rations : 6 $ 00. — Nguyên-
Son et Nguyên-Can à Cam-Lô.

Marmite en cuivre pour deux rations : 5 $ 00. — Nguyên-
Son et Nguyên-Can à Cam-Lô.

Marmite en cuivre pour une ration et demi : 3 $ 00. —
Nguyên-Son et Nguyên-Can à Cam-Lô.

Marmite en cuivre pour une ration : 2 $ 00. — Nguyên-
Son et Nguyên-Can à Cam-Lô.

POTERIE

□ □ □

Thanh-Hoa.

VASE EN TERRE CUITE : 2 $ 50. — Phu de Don-Son.

VASE A FLEURS EN TERRE CUITE : 1 $ 75. — Phu de Dông-
Son.

Nghê-An.

POÊLE EN TERRE : 0 $ 15. — Nguyên-Thi-Duong à Luu-My.

CARAFE EN TERRE : 0 $ 14. — Nguyên-Thi-Duong à Luu-
My.

CUVETTE EN TERRE : 0 $ 05. — Nguyên-Thi-Duong à Luu-My.

Ha-Tinh.

VASE A FLEURS : 0 $ 50. — Lê-Loan à Cam-Trang.

CARAFON : 0 $ 10. — Lê-Loan à Cam-Trang.

VASE A ALCOOL : 0 $ 20. — Phan-Ung à Cam-Trang.

Quang-Binh.

THÉIÈRE : 0 $ 40. — Nguyên-Hai à Nga-Cuong.

BOÎTE A THÉ : 0 $ 20. — Nguyên-Hai à Nga-Cuong.

POT A CHAUX : 0 $ 25. — Nguyên-Hai à Nga-Cuong.

Binh-Dinh.

OBJETS DIVERS : 0 $ 15 à 0 $ 80. — Nguyên-Ong-Tam à An-My.

BAMBOU — ROTIN

□ □ □

Thanh-Hoa.

Panier en bambou : 0 $ 60 *la série de cinq.* — Huyên de Quang-Xuong.

Pipe a eau : 4 $ 50. — Châu de Quan-Hoa.

Nghê-An.

Boîte hexagonale : 4 $ 00 et 10 $ 00. — Dâu-Tang à Lôc-Hai.

Boîte octogonale : 5 $ 50. — Dâu-Tang à Lôc-Hai.

Boîte carrée : 4 $ 50. — Dâu-Tang à Lô-Hai.

Plateau a pied : 5 $ 00. — Dâu-Tang à Lôc-Hai.

Plateau octogonal : 1 $ 00 et 3 $ 50. — Dâu-Tang à Lôc-Hai.

Plateau rectangulaire : 2 $ 50. — Dâu-Tang à Lôc-Hai.

PLATEAU CARRÉ : 1 $ 00 et 2 $ 00. — Dâu-Tang à Lôc-Hai.

PLATEAU A CHAMPAGNE : 2 $ 00 et 3 $ 50. — Dâu-Tang à Lôc-Hai.

CADRE POUR PHOTOGRAPHIES : 1 $ 50. — Dâu-Tang à Lôc-Hai.

BOITE A CIGARETTES : 1 $ 20, 1 $ 50 et 2 $ 00. — Dâu-Tang à Lôc-Hai.

BOITE A ENVELOPPES : 2 $ 00. — Dâu-Tang à Lôc-Hai.

BOITE A CARTES DE VISITE : 1 $ 00. — Dâu-Tang à Lôc-Hai.

BOITE RONDE : 0 $ 80. — Dâu-Tang à Lcc-Hai.

Ha-Tinh.

ROTIN : 0 $ 05 et 0 $ 50 *le rouleau*. — Phan-Lap à Tho-Lôc.

DRAGON EN BAMBOU : 12 $ 00 *la paire*. — Ha-Van-Nghia à Yên-Bai.

Quang-Tri.

ROTIN : 0 $ 12, 0 $ 22 et 0 $ 30 *les dix mètres*. — Xa-Quat à Lang-Cat.

Thua-Thiên.

OREILLER EN ROTIN : 4 $ 00. — Phan-Than à Hué.

FIBRES --- NATTES

Thanh-Hoa.

Coton égrené : 0 $ 84 *le kg.* — Huyên de Yên-Dinh.

Nghê-An.

Sac : 1 $ 20. — Ngô-Thanh à Xuân-Loi.

Quang-Ngai.

Sandales en coïr : 0 $ 20 et 0 $ 30 *la paire.* — Village de My-Khê-Tây.

Binh-dinh.

Sandales en coir : 0 $ 10 à 0 $ 30 *la paire.* — Nguyên-Mai à Tai-Luong.

Cordes en coïr : 0 $ 05 *la corde de sept mètres.* — Nguyên-Dat à Cuu-Loi.

Ninh-Thuân.

Fibres d'agave : 0 $ 40 *le kg.* — Trân-Ty à Khanh-Nhon.

Binh-Thuân.

Nattes a voile : 0 $ 30 *la natte.* — Thiên-Chanh.

Darlac.

Nattes diverses : 0 $ 40 *la natte.*

Haut-Donnai.

Nattes de voyage : 1 $ 00.

OBJETS DIVERS — HABILLEMENT
ET AMEUBLEMENT

□ □ □

Thanh-hoa.

OREILLER MƯƠNG : 3 $ 50 et 5 $. — Chau de Ngoc-Lac.

Ha-Tinh.

HAMAC A FLEURS : 8 $ 00. — Nguyên-Trân à Vinh-Hoa.

HAMAC SANS FLEUR : 8 $ 00. — Lê-Triên à Vinh-Hoa.

PORTIÈRE : 12 $ 00. — Lê-Vinh à Vinh-Hoa.

BRISE-BISE : 5 $ 00. — Lê-Vinh à Vinh-Hoa.

TAPIS DE TABLE : 2 $ 00, 3 $ 00 et 5 $ 00. — Nguyên-Cu
à Vinh-Hoa.

Thua-Thiên.

BABOUCHE POUR HOMME : 1 $ 00 *la paire*. — Pham-Ba-Em
à Hué

BABOUCHE POUR FILLETTE : 0 $ 70 *la paire*. — Pham-Ba-Em à Hué.

BABOUCHE POUR GARÇONNET : 0 $ 70 *la paire*. — Pham-Ba-Em à Hué.

BABOUCHE POUR FILLETTE : 0 $ 70 *la paire*. — Pham-Ba-Em à Hué.

SANDALE POUR HOMME : 0 $ 80 *la paire*. — Pham-Ba-Em à Hué.

SANDALE POUR FEMME : 1 $ 00 *la paire*. — Pham-Ba-Em à Hué.

SANDALE POUR FILLETTE : 0 $ 60 *la paire*. — Pham-Ba-Em à Hué.

Binh-Dinh.

MATELAS POUR CHAISE : 1 $ 20. — Huynh-Thao à Dinh-Tuong.

MATELAS POUR LIT : 8 $ 00. — Huynh-Thao à Dinh-Tuong.

CHAPEAU GOGANG : 2 $ 20 à 4 $ 50. — Village de Phu-Cat.

Ninh-Thuân.

HAMAC : 1 $ 00 à 6 $ 00. — Lê-Ly-Truong de Khanh-Nhon.

Kontum.

COUVERTURE POUR HOMME : 6 $ 00 et 7 $ 00.

COUVERTURE POUR FEMME : 5 $ 00.

VESTON : 6 $ 00.

CEINTURE : 6 $ 00.

CHAPEAU : 0 $ 50.

Darlac.

Couverture rhadée : 15 $ 00.

Ceinture : 12 $ 00.

Haut-Donnai.

Couverture moi : 16 $ 00. — Moï Ma de Djiring.

BIMBELOTERIE

□ □ □

Thanh-Hoa.

TABLEAU SOIE AVEC APPLICATION PAILLE : 2 $ 50 et 5 $ 00.
— Phu de Thiêu-Hoa.

Nghê-An.

INSTRUMENT DE MUSIQUE MUONG : 0 $ 76. — Quan-Phuc à Ke-
bon.

CUILLÈRE EN COQUILLAGE : 0 $ 02, 0 $ 04. 0 $ 05. — Vo-
Liên à Xuân-Yên.

Ha-Tinh.

EVENTAIL EN GAZE : 0 $ 60. — Nguyên-Chuong à Thinh-Xa.

Quang-Tri.

BAGUETTES EN CORNE DE BUFFLE : 0 $ 05 la paire. — Phan-
Nam à Dông-Ha.

Presse-papier en corne de buffle : 0 $ 20. — Phan-Nam à Dông-Ha.

Thua-Thiên.

Tableau peint a l'huile : 1 $ 00 et 3 $ 00. — Ung-Mông à Hué.

Tableau peint a l'huile : 1 $ 50. — Tôn-Thât-Cân à Hué.

Tableau nacre sur verre : 9 $ 00. — Tôn-Thât-Cân à Hué.

Porte-cures dents en os : 0 $ 20 à 0 $ 25. — Trân-Huân à Hué.

Porte cigarettes en os : 0 $ 15. — Trân-Huân à Hué.

Frange en perles : 0 $ 55. — Trân-Ba-Thai à Hué.

Kontum.

Hotte : 0 $ 50.

Pipe : 1 $ 00 et 2 $ 00.

Clochette : 0 $ 40.

Panier : 0 $ 40 et 0 $ 50.

Hotte Sedang : 0 $ 50.

Darlac.

Hotte rhadée : 0 $ 70.

Tête de buffle sauvage : 10 $ 00.

Tête de bœuf sauvage : 5 $ 00.

Tête de gaur : 10 $ 00.

Tête de con katong : 2 $ 00.

Tête de cerf : 3 $ 00.

Haut-Donnai.

Hotte : 1 $ 00.

Corne de cerf : 1 $ 00 et 1 $ 50.

Corne de con-minh : 3 $ 00, 6 $ 00 et 7 $ 00.

Pipe : 1 $ 00.

Tube pour boire a la jarre : 2 $ 00.

Instrument de musique : 1 $ 00.

ARMES ET ARTIFICES

□ □ □

Thanh-Hoa.

ARBALÈTE MUONG : 1 $ 00. — Châu de Quan-Hoa.

FLÈCHES MUONG : 0 $ 20 *les vingt-sept.* — Châu de Quan-Hoa.

FUSIL MUONG : 19 $ 00. — Châu de Lang-Chanh.

LANCE MUONG : 1 $ 20. — Châu de Lang-Chanh.

Nghê-An.

PAQUET DE PÉTARDS : 0 $ 20 et 0 $ 40 *le paquet.* — Truong-Xuân-Huy à Xuân-An.

BOMBE : 0 $ 02. — Truong-Xuân-Huy à Xuân-An.

SOLEIL : 0 $ 15 et 0 $ 20. — Truong-Xuân-Huy à Xuân-An.

Bombe pluie d'étoiles : 0 $ 25. — Truong-Xuân-Huy à Xuân-An.

Fusée tourbillonnante : 0 $ 25. — Truong-Xuân-Huy à Xuân-An.

Fusée : 0 $ 20. — Truong-Xuân-Huy à Xuân-An.

Kontum.

Coupe-coupe : 0 $ 50.

Sabre manche en cuivre : 7 $ 50.

Sabre manche en bois : 12 $ 00.

Arbalète : 0 $ 50.

Carquois avec flèches : 0 $ 10.

Lance Sedang : 1 $ 00.

Darlac.

Arbalète : 1 $ 60.

Lance : 2 $ 00.

Coupe-coupe : 1 $ 00, 5 $ 00, 6 $ 00.

Sabre : 8 $ 00.

Haut-Donnai.

Coupe-coupe : 1 $ 50.

Arbalète : 1 $ 20 et 1 $ 50.

Lance : 1 $ 50.

Sabre : 4 $ 00.

Poignard : 1 $ 50 et 2 $ 50.

PRODUITS D'ORIGINE ANIMALE

Thanh-Hoa.

STICK-LAC : 0 $ 40 *le kg.* — Châu de Quan-Hoa.

MIEL : 0 $ 80 *la bouteille.* — Châu de Ngoc-Lac.

CIRE D'ABEILLE : 1 $ 50 *le kg.* — Châu de Ngoc-Lac.

Ha-Tinh.

CIRE D'ABEILLE : 1 $ 10, 1 $ 20 et 1 $ 40 *le pain.* — Trân-Cao à Phuc-Trach.

CIRE D'ABEILLE : 1 $ 10 et 1 $ 20 *le pain.* — Lê-Khac- Han à Phu-Gia.

CIRE D'ABEILLE : 2 $ 60 *le pain.* — Phan-Dinh-De à Phu-Gia.

CIRE D'ABEILLE : 1 $ 70 *le pain.* — Dao-Van-Viên à Tri-Ban.

CIRE D'ABEILLE : 1 $ 60 *le pain.* — Trân-Van-Phuong à Do-Khê.

Quang-Nam.

Nids d'hirondelles : 33 $ 00 et 40 $ 00 *les* 300 *gr.* —
Tôn-Xuong-Ky à Faifoo.

Binh-Dinh.

Nageoire de poisson : 9 $ 00 *le kg.* — Huynh-Khoa à
Thanh-Xuân.

Kontum.

Cire d'abeille : 0 $ 05 et 0 $ 10 *le morceau.* — Kontum.

Darlac.

Cire d'abeille : 0 $ 15 *le pain.*

Miel : 1 $ 00 *le litre.*

PRODUITS D'ORIGINE VÉGÉTALE

Thanh-Hoa.

BENJOIN : 0 $ 80 *le kg.* — Châu de Quan-Hoa.

Nghê-An.

CU-NAU : 0 $ 04 *le kg.* — Quan Phu de Kebon.

CAY LUI : 0 $ 03 *le kg.* — Quan Phu de Kebon.

KIÊN-KIÊN : 0 $70 *le kg.* — Quan Phu de Kebon.

XET : 0 $ 70 *le kg.* — Quan Phu de Kebon.

HEM : 0 $ 30 *le kg.* — Quan Phu de Kebon.

Quang-Nam.

ARACHIDE : 0 $ 30 *le kg.* — Lê-Tuân à Phuoc-Am.

MAIS : 0 $ 08 *les vingt fusées.* — Nguyên-Phat à Thanh-Chiêm.

TABAC EN FEUILLES : 0 $ 26 *le paquet*. — Village de Cam-
Lê, de Nghi-An et de Dông-Phuoc.

NOIX D'AREC : 0 $ 80 *le kg*. — Nguyên-Xang à Dai-Lôc.

Quang-Ngai.

SUCRE BLANC : 0 $ 30 *le kg*. — Don-Nen à Van-Tuong.

SUCRE BLANC QUALITÉ EXTRA : 0 $ 48 *le kg*. — Don-Nen à
Van-Tuong.

SUCRE GRANULÉ : 0 $ 30 *le·kg*. — Don-Nen à Van-Tuong.

SUCRE CANDI : 0 $ 50 *le kg*. — Don-Nen à Van-Tuong.

Binh-Dinh.

VERMICELLE SONG-THAN : 1 $ 10 *le kg*. — Lê-Ham à My-
Thanh.

VERMICELLE HO-TIÊU : 0 $ 22 *le kg*. — Hà-Luc à Phong-Am.

FARINE DE HARICOT : 0 $ 90 *le kg*. — Lê-Ham à My-Thanh.

Ninh-Thuân.

NOIX VOMIQUE : 0 $ 80 *le kg*. — Nguyên-Dôn à My-Thanh.

Darlac

TABAC : 1 $ 00 *le kg*.

ÉPICES — CAFÉ — THÉ.

Thanh-Hoa.

CANNELLE : 20 $ 00 et 30 $ 00 *le morceau*. — Châu de Lang-Chanh.

CANNELLE : 30 $ 00 et 35 $ 00 *le morceau*. — Châu de Thuong-Xuân.

Nghê-An.

CANNELLE : 9 $ 0 *le morceau*. — Quan Phu de Kebon.

CAFÉ : 1 $ 20 *le kg*. — Quan Huyên de Nghia-Dan.

Quang-Tri.

CAFÉ : 1 $ 30 *le kg*. — Trân-Luong à Cho-Huyên.

THÉ DIT « DE HUÉ » : 0 $ 20 *le kg*. — Trinh-Kinh à Cai-An.

POIVRE BLANC : 4 $ 50 *le kg*. — Nguyên-Tôn à Lê-Môn.

POIVRE NOIR : 2 $ 40 *le kg*. — Nguyên-Tôn à Lê-Môn.

Quang-Nam.

CANNELLE : 1 $ 80 et 2 $ 00 *le kg.* — Nguyên-Hiên à
Thanh-Boi.

Quang-Ngai.

CANNELLE : 3 $ 50 et 4 $ 50 *le kg.* — Pham-Van-Phung à
Tra-Bông.

Darlac.

CAFÉ : 2 $ 00 *le kg.*

NUOC-MAM

□ □ □

Nghê-An.

Nuoc-mam : 0 $ 40 et 0 $ 60 *la bouteille*. — Trân-Sanh à
Van-Phân.

Quang-Binh.

Nuoc-mam : 0 $ 60 *la bouteille*. — Phan-Khê à Ly-Hoa.

Nuoc-mam : 0 $ 35 *la bouteille*. — Trân-Nhât-Tân à Dông-
Hoi.

Binh-Thuân.

Nuoc-mam : 0 $ 25 et 0 $ 35 *la bouteille*. — Société Liên-
Thanh à Thiên-Duc.

Nuoc-mam : 0 $ 25 et 0 $ 35 *la bouteille*. — Trân-Gia-Hoa
à Phu-Tai.

Nuoc-mam : 0 $ 25 et 0 $ 30 *la bouteille*. — Truong-Lê-
Nghi à Duc-Thang.